LES tricotins

texte de Judy Ann Sadler
illustrations de Linda Hendry

texte français de Lucie Duchesne

Éditions
■ SCHOLASTIC

**À Laurie, Ricky et Valerie,
une équipe exceptionnelle!**

Catalogage avant publication de la
Bibliothèque nationale du Canada

Sadler, Judy Ann, 1959-
Les tricotins / texte de Judy Ann Sadler ; illustrations
de Linda Hendry ; texte français de Lucie Duchesne.

(Artisanat)
Traduction de: Corking.
Pour les 7-11 ans.
ISBN 0-439-96679-5

1. Tricot--Ouvrages pour la jeunesse. 2. Artisanat--Ouvrages
pour la jeunesse. I. Hendry, Linda II. Duchesne, Lucie
III. Titre. IV. Collection.

TT829.S3414 2004   j746.43'2   C2004-900772-6

Conception graphique de la couverture : Karen Powers
Photographie de la couverture : Steve Payne
Tricot pour le titre de la couverture : Tilly Moffett

Édition publiée par les Éditions Scholastic, 175 Hillmount Road,
Markham (Ontario) L6C 1Z7, avec la permission de Kids Can Press Ltd.

6 5 4 3 2   Imprimé en Chine   04 05 06 07

ATTENTION

Chaque fois que vous travaillez avec une aiguille, des ciseaux et des épingles, faites très attention ou demandez l'aide d'une grande personne.

TABLE DES MATIÈRES

AVANT DE COMMENCER

Voici un livre entièrement consacré aux tricotins. Ce type d'artisanat très ancien est toujours aussi populaire et amusant.

Tu apprendras à fabriquer tes tricotins, les instruments de base pour réaliser tes tricots. Par exemple, tu peux en fabriquer avec des rouleaux de papier hygiénique ou des boîtes de conserve vides, ce qui te donnera des tricots de diamètre différent.

Avec un petit diamètre, tes tricots ressembleront à des tubes minces. Utilise-les pour réaliser des figurines d'animaux, des sous-verres ou des décorations pour tes vêtements. Avec un diamètre plus gros, comme celui d'une boîte de conserve, ton tricot ressemblera à un tricot circulaire avec lequel tu pourras faire une écharpe, un serre-tête, des chaussettes rayées ou un animal rembourré. Dans ce livre, tu trouveras une foule d'idées et tu apprendras aussi comment fabriquer des pompons pour décorer tes réalisations. De plus, tes tricots te permettront de créer des cadeaux amusants.

Ce n'est pas tout : tu peux faire du tricot n'importe quand et n'importe où — pendant que tu parles au téléphone, lorsque tu écoutes de la musique, pendant une balade en voiture ou avec des amis. Et si tu dois t'interrompre, il te sera très facile de reprendre ton travail là où tu l'auras laissé.

Alors prépare ton tricotin, prends un peu de laine et amuse-toi!

Matériaux

Laine On trouve de la laine de couleurs, de textures et de types différents, comme la laine angora et le mohair. Tu peux aussi utiliser du fil de coton. Le fil d'acrylique donne de très bons résultats. C'est un fil d'épaisseur moyenne qui est solide, peu coûteux, lavable; on en trouve de toutes sortes de couleurs et même du multicolore. Tu peux également utiliser des restes de laine.

Tricotins Ramasse des rouleaux de papier hygiénique vides et des boîtes de conserve vides de toutes les grosseurs. Ce seront les outils qui te serviront à fabriquer tes tricots. Il existe sur le marché des tricotins tout prêts.

Clous Pour fabriquer ton tricotin, il te faut des petits clous de finition ou des clous ordinaires de 4 cm. Tu en trouveras dans les quincailleries (il y en a peut-être même chez toi).

Ruban Le ruban de toile (dont on se sert pour les bâtons de hockey) donne de très beaux tricotins, parce qu'il est solide et qu'on en trouve de toutes sortes de couleurs. Si tu n'en as pas, tu peux utiliser du ruban-cache.

Aiguilles à laine Pour la finition de tes créations, tu peux utiliser du canevas à tapisserie en toile ou en plastique et des aiguilles à laine. Assure-toi que ton aiguille a une pointe arrondie et un chas (trou) assez gros. Pour fabriquer tes tricots, tu peux te servir de l'aiguille ou d'un cure-dents de plastique pour les cocktails, d'une épingle à cheveux dépliée ou encore d'un clou mince et très long. Fais bien attention de ne jamais laisser traîner ces objets à la portée des jeunes enfants.

Ciseaux Utilise des ciseaux à lames courtes et assez aiguisés pour pouvoir couper la laine facilement.

Autres Pour décorer tes créations, il te faudra d'autres objets comme des cure-pipes, des yeux tout prêts (dans les boutiques d'artisanat), du rembourrage en polyester, de la colle blanche non toxique et des retailles de feutre ou de tissu.

PETIT TRICOTIN

IL TE FAUT :

un rouleau de papier hygiénique vide
des ciseaux
du ruban de toile d'environ 2,5 cm de
   large
8 petits clous fins de 4 cm de long
des retailles de feutre
   ou de tissu
de la colle blanche
un élastique

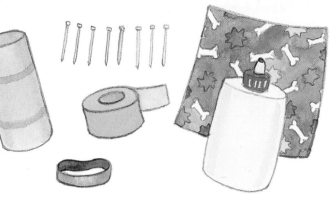

1 Découpe le tube sur le sens de la longueur, pour l'ouvrir.

2 Découpe six morceaux de ruban d'environ 8 cm de long chacun.

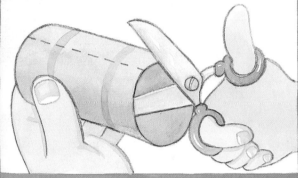
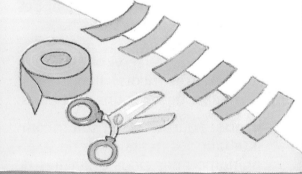

3 Enroule le tube sur lui-même pour obtenir deux épaisseurs. Fixe les bandes de ruban autour du tube, du haut jusqu'au bas, pour le consolider.

4 Découpe une autre bande de ruban de 10 cm et enroule-la au haut du tube, le côté collant vers l'extérieur.

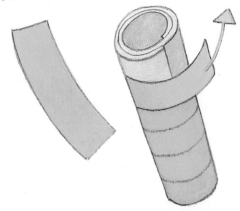
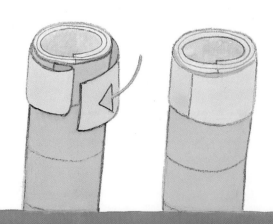

5 Place deux clous côte à côte sur le ruban collant, en les faisant dépasser de 1 cm.

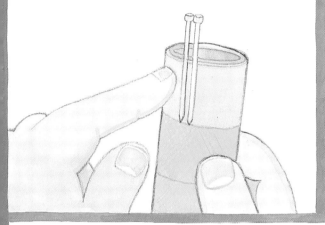

6 Place deux autres clous de l'autre côté du tube, en face des deux premiers. Place ensuite deux autres paires de clous pour obtenir quatre paires de clous à égale distance autour du haut du tube.

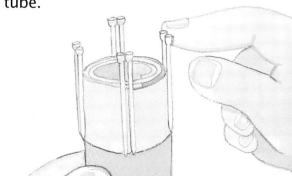

7 Colle un autre morceau de ruban pour recouvrir les clous et la surface collante du ruban, au haut du tube. Coupe quatre bouts de ruban étroit et colle-les entre les paires de clous pour empêcher que les clous ne se déplacent.

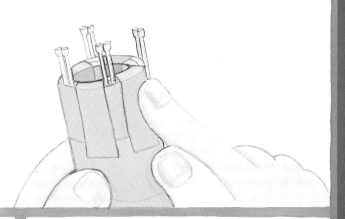

8 Tu peux décorer ton tricotin en le recouvrant de ruban de toile de couleur ou en collant un morceau de feutre ou de tissu.

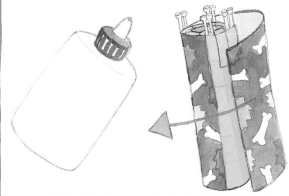

9 Place l'élastique autour du tube, au milieu; tu pourras y glisser ton aiguille lorsque tu ne l'utiliseras pas.

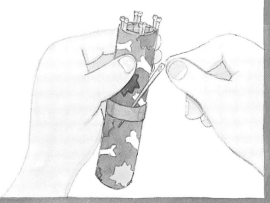

TRICOTS

IL TE FAUT :

un petit tricotin

une petite pelote de laine

une aiguille à laine à pointe arrondie, une épingle à cheveux, un cure-dents de plastique à cocktail ou un clou long et mince, des ciseaux

1 À environ 25 cm de l'extrémité, fais un nœud coulant.

2 Place le nœud coulant autour d'une paire de clous. Fais glisser l'extrémité de la laine dans le tube.

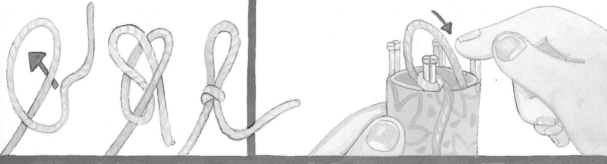

3 Fais passer la laine de la pelote derrière la prochaine paire de clous. Enroule la laine autour des clous et fais-la passer de la même façon derrière les deux autres paires de clous, de sorte que tous les clous soient entourés de laine. Tu peux tenir ton tricotin dans ta main gauche ou droite et travailler dans la direction que tu veux, pourvu que tu ne changes pas de direction au milieu de ton ouvrage.

4 Tu dois donc avoir fait un tour complet avec ta laine. Enroule-la de nouveau autour des clous, au-dessus du nœud coulant. Tiens la laine en place avec la main dans laquelle tu tiens ton tricotin.

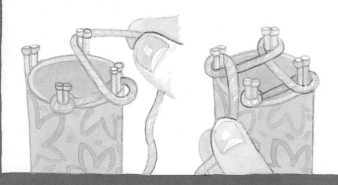

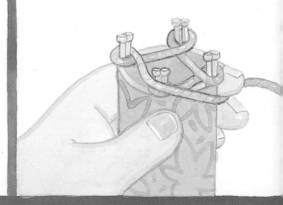

5 Pique l'aiguille à laine vers le bas dans le nœud coulant, en veillant à ne pas séparer les brins de laine. Tire la boucle vers toi et fais-la passer par-dessus le deuxième tour de laine et les clous. Laisse retomber la boucle derrière le clou.

6 Fais tourner le tricoteur dans ta main à mesure que tu enroules la laine par-dessus les boucles déjà en place sur les clous. Continue à faire passer la boucle du bas par-dessus la boucle du haut et les clous, sans serrer. De temps en temps, tire un peu sur le bout de laine qui dépasse au bas du tube.

7 Si tu veux ajouter une nouvelle couleur, coupe la laine que tu utilises en laissant un bout de 5 cm. Noue la nouvelle laine à la précédente. Cache le nœud à l'intérieur du tricot.

8 Lorsque tu mesures la longueur de ton tricot, n'oublie pas de compter la partie qui est toujours à l'intérieur du tricotin.

9 Pour terminer, coupe la laine en gardant un bout de 20 cm. N'enroule plus la laine autour des clous. Avec l'aiguille, soulève la boucle de la première paire de clous et va la porter par-dessus la deuxième paire de clous. Tricote comme si tu avais enroulé la laine autour des clous. Recommence avec chacune des boucles, jusqu'à ce qu'il n'en reste qu'une seule.

10 Tire sur la dernière boucle pour l'agrandir un peu. Fais-y passer le bout de la laine, puis tire sur le bout de laine pour le serrer.

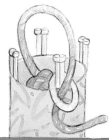

TRICOTINS EN BOÎTES DE CONSERVE

IL TE FAUT :

une boîte de conserve vide, lavée, sans étiquette

du ruban de toile

des clous minces d'environ 4 cm de longueur

des retailles de feutre ou de tissu et de la colle blanche, pour décorer (facultatif)

1 Demande à un adulte de t'aider à enlever le dessus et le dessous de la boîte de conserve. S'il y a des morceaux de métal coupant qui dépassent, aplatis-les avec un marteau et couvre-les de ruban.

2 Colle du ruban autour du haut et du bas de la boîte de conserve.

3 Enroule deux ou trois couches de ruban autour du haut de la boîte, juste sous le rebord, jusqu'à ce que le ruban soit de niveau avec le rebord.

4 Place un bout de ruban, côté collant vers l'extérieur, autour du haut de la boîte. Place des clous tout autour du haut, de la même façon qu'à la page 7. Laisse environ 1,5 cm entre chaque paire de clous. Consulte le tableau de la page 11 pour savoir combien de paire de clous il te faudra.

DIMENSIONS DES BOÎTES DE CONSERVE

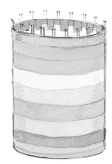

PETITES
156 ml
18 clous (9 paires)

MOYENNES
398 ml
22 clous (11 paires)
  ou
540 ml
26 clous (13 paires)

GROSSES
796 ml
34 clous (17 paires)

TRÈS GROSSES
1,1 kg ou 2,84 L
40 clous (20 paires)

5 Coupe d'autres bandes de ruban pour couvrir le côté collant et les clous. Essaie de bien serrer le ruban de part et d'autre de chaque paire de clous.

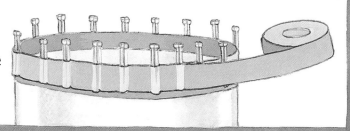

6 Colle de petits morceaux de ruban verticalement entre chaque paire de clous. Ajoute quelques couches de ruban tout autour pour éviter que les clous ne se déplacent. Tu peux décorer ta boîte de conserve en collant du feutre ou du tissu ou en la couvrant de ruban de toile de couleur.

COMMENT UTILISER TON TRICOTIN

Procède de la même façon qu'avec le tricotin de carton (voir page 8). Lorsque tu viens de passer une boucle par-dessus une autre, il est important de tirer un peu sur la boucle qui reste autour des clous, sinon, la laine sera trop serrée pour que tu puisses la soulever par-dessus les clous au prochain tour.

À la fin de chaque projet, tu trouveras des instructions pour terminer ton tricot.

CHEVAL

IL TE FAUT :

3 petits tricots, dont 2 de 20 cm et 1 de 15 cm
  de long

3 cure-pipes de 30 cm de long chacun

des ciseaux

une aiguille à laine, de la laine

une épingle de sûreté

des yeux ou des perles

de la colle blanche

1 Accroche le bout d'un des cure-pipes à l'épingle de sûreté.

2 Insère l'autre bout de l'épingle de sûreté dans l'extrémité d'un des tricots et fais-la passer jusqu'à l'autre bout. Coupe les bouts de cure-pipes qui dépassent. (Le cure-pipe devrait rester en place, mais tu peux mettre une goutte de colle à chaque extrémité pour t'assurer qu'il ne bouge pas.) Recommence avec les deux autres tricots.

3 Plie le plus petit tricot de façon à obtenir la tête, le cou et le dos d'un cheval. Enroule les deux autres tricots autour du dos pour faire les pattes.

4 Avec une aiguille à laine, fais passer des petits bouts de laine sur le cou pour faire une crinière. Noue chaque bout en place. Fabrique une longue queue de laine (sépare les brins de laine pour obtenir une queue ondulée). Colle des yeux ou des perles à l'endroit des yeux. Fais passer un morceau de cure-pipe de 2,5 cm de long à travers le tricot au-dessus des yeux, pour faire les oreilles.

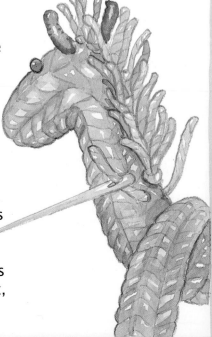

ALLIGATOR

IL TE FAUT :

2 petits tricots de 30 cm de long chacun

2 petits tricots de 15 cm de long chacun

3 cure-pipes de 30 cm de long chacun

une épingle de sûreté, une aiguille
à laine, de la laine, de la colle blanche,
des ciseaux

des yeux ou 2 perles, et 16 petites perles
blanches pour les dents

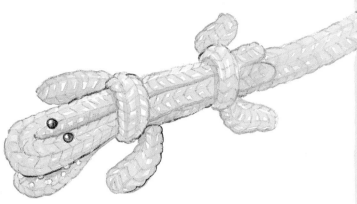

1 Coupe un des cure-pipes en deux. Fais passer un cure-pipe dans chacun des tricots tel qu'indiqué aux étapes 1 et 2 de la page 12.

2 Plie en deux un des longs tricots. Plie l'autre à 9 cm de l'extrémité. Place-le sous le premier en alignant les deux bouts pliés.

3 Enroule un tricot court à 5 cm des bouts pliés. Enroule l'autre à 8 cm du bout de la queue de sorte qu'il maintienne en place tous les tricots. Ton alligator devrait maintenant avoir une tête, un corps, des pattes et une queue.

4 Colle les yeux. Plie un peu la gueule et ouvre les mâchoires. Colle huit perles blanches le long de chaque mâchoire, pour faire les dents.

Des idées amusantes

♥ Fabrique d'autres animaux en tricots, comme un serpent, un lion avec une énorme crinière, une girafe ou un escargot.

CHOUCHOU

IL TE FAUT :

environ 45 cm de tricot mince

un élastique de 25 cm de long et de 6 mm de large

une épingle de sûreté de grosseur moyenne

une aiguille et du fil

une aiguille à laine

des ciseaux

1 Attache l'épingle de sûreté à un bout de l'élastique. Insère-la dans une extrémité du tricot.

2 Fais passer l'élastique tout le long du tricot en t'assurant que le bout libre de l'élastique reste à l'extérieur. Lorsque tu arrives à l'autre extrémité du tricot, plisse ton tricot sur l'élastique pour bien dégager les extrémités de celui-ci.

3 Place les deux bouts de l'élastique l'un par-dessus l'autre et, avec l'aiguille et le fil, couds-les ensemble.

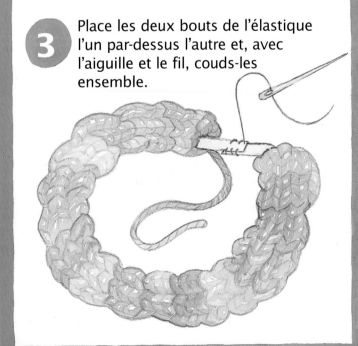

4 Il devrait y avoir un bout de laine à l'une des extrémités du tricotin. Fais-le passer dans une aiguille à laine et couds ensemble les deux extrémités du tricot pour couvrir l'élastique et former un cercle.

SERRE-TÊTE TRESSÉ

IL TE FAUT :

3 petits tricots de couleurs différentes et
  d'environ 48 cm de long
2 attaches à sacs de plastique
une aiguille à laine
des ciseaux

1 Fixe en place les trois
tricots à l'aide d'une
attache.

2 Tresse-les. Fixe l'autre
extrémité de la tresse avec
une attache.

3 Avec l'aiguille à laine
et les bouts de laine
qui dépassent des
tricots, couds ensemble les
extrémités de chaque tricot.
Coupe les bouts de laine qui
restent.

4 Retire les attaches. Ton
serre-tête tressé est prêt. Tu
peux le porter ou le donner
en cadeau.

Des idées amusantes

Couds ensemble les extrémités
d'un tricot d'environ 45 cm pour
obtenir un serre-tête simple et facile à
réaliser.

DESSOUS-DE-PLAT

IL TE FAUT :

2 m de tricot mince
de la laine
une aiguille à laine
des ciseaux

1 Mesure un bout de laine de la longueur de ton bras et coupe-le. Fais un nœud à l'un des bouts et enfile la laine dans l'aiguille.

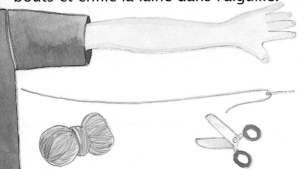

2 Plie le bout du tricot pour obtenir un «J» bien serré.

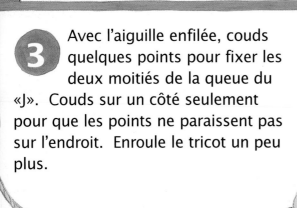

3 Avec l'aiguille enfilée, couds quelques points pour fixer les deux moitiés de la queue du «J». Couds sur un côté seulement pour que les points ne paraissent pas sur l'endroit. Enroule le tricot un peu plus.

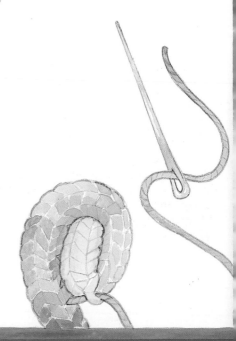

4 Chaque fois que tu enroules un peu de tricot, couds le bout que tu as enroulé à la section qui le touche. Ne l'enroule pas et ne le couds pas trop serré, sinon il va gondoler.

5 Lorsque tu arrives à la fin (ou si tu dois refaire une nouvelle aiguillée de laine), fais quelques points l'un par-dessus l'autre et insère le bout de laine à l'intérieur du tricot pour le cacher. S'il y a des bouts de laine qui dépassent, coupe-les.

Des idées amusantes

Ton dessous-de-plat peut devenir un tapis pour maison de poupée; tu peux aussi y déposer une plante.

Avec un tricot d'environ 75 cm de long, tu peux fabriquer un dessous-de-verre.

Si tu veux faire un dessous-de-plat ou un napperon ovale, replie le début de ton tricot en forme de «U» étroit et allongé. Continue à enrouler et à coudre le tricot en suivant cet ovale.

Les tricots sont une bonne façon d'utiliser les restes de laine. Tu trouveras peut-être chez toi assez de restes de laine de couleurs différentes pour te fabriquer une descente de lit.

VÊTEMENTS DÉCORÉS

IL TE FAUT :

des tricots minces

un vêtement comme un chapeau, un chandail ou un coton ouaté

de la craie ou un crayon de couture

de la laine, des ciseaux

une aiguille pointue avec un gros chas

1 Avec la craie ou le crayon de couture, dessine un motif simple ou un mot sur le vêtement.

2 Mesure et coupe un bout de laine de la longueur de ton bras. Fais un nœud à une extrémité et enfile la laine dans l'aiguille.

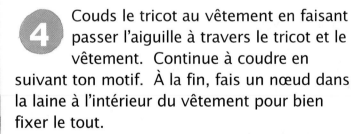

3 Fais passer l'aiguille par l'intérieur du vêtement pour que le nœud ne paraisse pas. Fais-la aussi passer par l'extrémité du tricot.

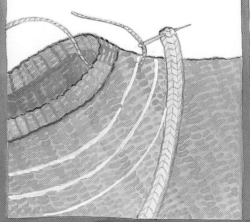

4 Couds le tricot au vêtement en faisant passer l'aiguille à travers le tricot et le vêtement. Continue à coudre en suivant ton motif. À la fin, fais un nœud dans la laine à l'intérieur du vêtement pour bien fixer le tout.

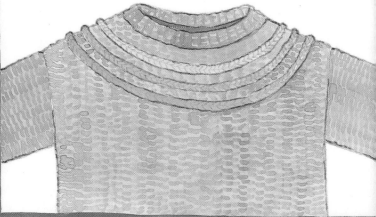

TRICOT ÉTROIT

IL TE FAUT :

un petit tricotin
une petite pelote de laine

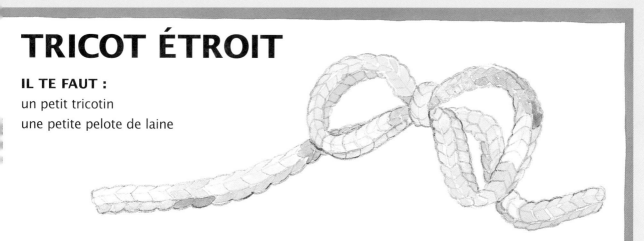

1 Au lieu d'enrouler la laine autour des quatre paires de clous, enroule-la autour de deux paires de clous qui se font face.

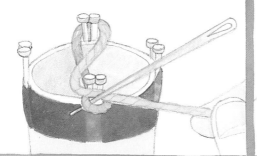

2 Tu feras ton tricot autour de ces deux clous seulement, sans t'occuper des autres. Tu obtiendras un tricot étroit, légèrement rectangulaire, très rapide à réaliser.

Des idées amusantes

⭐ Couds ensemble les deux extrémités d'un tricot étroit d'environ 2 m. Tu obtiendras une jolie ficelle colorée avec laquelle tu pourras t'amuser.

⭐ Sers-t'en comme ruban pour emballer un cadeau.

⭐ Fais un bracelet. Attache-le à ton poignet avec les bouts de laine qui dépassent.

⭐ Fabrique un tricot aux couleurs de Noël. Tu obtiendras une magnifique guirlande qui durera longtemps. Fixes-y des grelots, des boules et des boucles.

CHAUSSETTES ACCORDÉON

IL TE FAUT :

un tricotin fait avec une grosse
boîte de conserve

2 ou 3 petites pelotes de laine
de couleurs différentes

des ciseaux

une aiguille à laine

1 Tricote environ 15 rangs
d'une même couleur. Pour
savoir combien tu en as,
compte, à partir d'une paire de
clous, le nombre de rangs qui
descendent à l'intérieur du
tricotin.

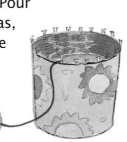

2 Coupe la laine en laissant
un bout de 5 cm de long.
Noue-le à la laine
suivante et insère le nœud à
l'intérieur du
tricotin.

3 Continue à tricoter et à changer de couleur
tous les 15 rangs, jusqu'à ce que tu aies un
tube d'environ 45 cm de long. Tu obtiens
une chaussettte ordinaire pour adulte ou une
chaussette accordéon pour enfants. Coupe
la laine en laissant un bout de 25 cm de long.

4 Enfile la laine dans une
aiguille. Retire les
boucles des clous avec
l'aiguille pour qu'elles soient
toutes rassemblées sur la laine.

5 Tire fortement sur l'extrémité
de la laine. Fais quelques
points l'un par-dessus l'autre
et insère la laine dans le tricot pour
qu'on ne la voie pas. Coupe
le bout de laine qui reste.
Essaie ta nouvelle chaussette
et fais-en une autre
identique.

COUPE-FROID

IL TE FAUT :

un tricotin fait avec une grosse boîte de
  conserve
2 ou 3 pelotes de laine de couleurs différentes
des ciseaux
une aiguille à laine
du rembourrage en fibre de polyester
du feutre, des perles ou des boutons
une aiguille
du fil

1 Tricote un tube coloré d'environ 1 m de long, en refermant une extrémité comme à l'étape 5 de la page 20.

2 Replie le tube sur lui-même jusqu'à l'extrémité fermée. Remplis-le de rembourrage en fibre de polyester tout en le déroulant, jusqu'à environ 15 cm de l'extrémité ouverte.

3 Fais un nœud autour de l'ouverture pour maintenir le rembourrage en place.

4 Pour faire les yeux, couds des morceaux de feutre, des perles ou des boutons. Place ton serpent devant une porte pour empêcher l'air de s'infiltrer ou encore sur ton lit (tu auras un oreiller flexible).

VÊTEMENTS DE POUPÉE

IL TE FAUT :

un tricotin fait avec une boîte de conserve moyenne

une pelote de laine (la laine multicolore donne de beaux résultats)

des ciseaux

une aiguille à laine

1 Tricote un tube d'environ 20 cm pour faire une robe de poupée. Coupe la laine en laissant un bout de 25 cm.

2 Enfile le bout de laine dans l'aiguille et fais-le passer dans les boucles de laine de tous les clous.

3 Laisse le tube ouvert. Fais quelques points un par-dessus l'autre et insère le bout de laine dans le tube.

4 Fabrique une minijupe et un corsage de la même façon.

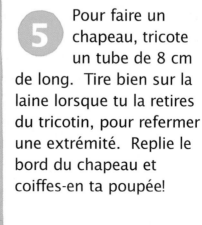

5 Pour faire un chapeau, tricote un tube de 8 cm de long. Tire bien sur la laine lorsque tu la retires du tricotin, pour refermer une extrémité. Replie le bord du chapeau et coiffes-en ta poupée!

MITAINES POUR BÉBÉ

IL TE FAUT :

un tricotin fait avec une boîte de
conserve moyenne

une petite pelote de laine

des ciseaux

une aiguille à laine

50 cm de ruban
de satin

1 Tricote un tube d'environ 10 cm de long. Coupe la laine en laissant un bout de 25 cm de long.

2 Enfile la laine dans l'aiguille et fais-la passer dans les boucles de tous les clous. Tire bien sur la laine. Fais quelques points l'un par-dessus l'autre et insère la laine dans le tricot. Coupe le bout de laine qui dépasse.

3 Répète les étapes 1 et 2 pour faire l'autre mitaine.

4 Coupe le ruban en deux. Fais passer un bout de ruban à travers les mailles du tricot, pour décorer et pour que les mitaines tiennent bien en place une fois mises.

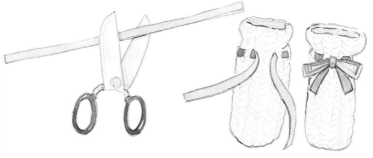

HAMSTER

IL TE FAUT :

un tricotin fait avec une boîte de conserve
   moyenne
une petite pelote de laine brune
une petite pelote de laine blanche
des ciseaux
du rembourrage en fibre de polyester
une aiguille à laine
des petites perles ou des boutons bruns

1 Commence ton tricot avec la laine brune. Tricote environ 8 rangs. Pour savoir combien tu en as, compte, à partir d'une paire de clous, le nombre de rangs qui descendent à l'intérieur du tricotin.

2 Coupe la laine brune en laissant un bout de 5 cm de long et noue-la à la laine blanche. Insère le nœud à l'intérieur du tricotin. Tricote environ 8 rangs de laine blanche et recommence avec la laine brune.

3 Après avoir tricoté 8 rangs de laine brune, coupe la laine en laissant un bout de 25 cm de long. Enfile la laine dans l'aiguille à laine. Avec la laine, rassemble les boucles de tous les clous et ferme l'ouverture en tirant fort, sans couper la laine.

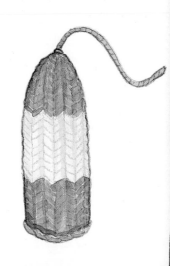

4 Rembourre le tube. Couds l'autre extrémité avec l'aiguille et la laine brune. Laisse un petit bout de laine dépasser : ce sera la queue du hamster.

5 Utilise le bout de laine qui dépasse à la tête du hamster pour coudre des boutons ou des perles pour les yeux. Fais quelques petits points là où tu as cousu les yeux, pour les maintenir en place. Coupe la laine qui dépasse.

6 Coupe un bout de laine brune de 20 cm de long et enfile-le dans l'aiguille. Fais passer la laine sur le dessus de la tête du hamster, retire l'aiguille et fais une boucle pour les oreilles. Noue la boucle une deuxième fois et coupe les bouts qui dépassent.

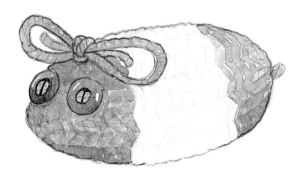

7 Pour les moustaches, coupe 2 ou 3 bouts de laine blanche de 10 cm de long et enfile-les un à la fois à travers le museau du hamster. Noue-les.

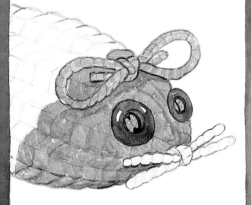

Des idées amusantes

En suivant les mêmes étapes, fabrique d'autres animaux rembourrés. Par exemple, tu peux utiliser de la laine grise pour faire une souris et lui laisser une longue queue de laine. Tu peux aussi faire un lapin en laine blanche avec une queue en pompon.

Avec des petits tricots, fabrique des pattes à tes animaux. Tu peux faire le corps d'une grenouille verte avec un tricotin en boîte de conserve moyenne et utiliser un petit tricotin pour faire 4 pattes vertes. Rembourre le corps et couds les pattes. Ajoute de gros yeux (boutons, laine ou mini pompons).

MARIONNETTES À DOIGTS

IL TE FAUT :

un tricotin fait avec une petite boîte de conserve

une petite pelote de laine

des ciseaux

une aiguille à laine

de la laine, des boutons, du feutre, des yeux, des cure-pipes et des perles

une aiguille et du fil ou de la colle blanche

1 Tricote un tube d'environ 8 cm de long. Enfile dans l'aiguille le bout de laine qui dépasse et referme l'extrémité du tube.

2 Couds ou colle les parties du visage. Fais des cheveux avec du feutre ou de la laine.

3 Fabriques-en beaucoup : non seulement tu auras plusieurs marionnettes, mais tes doigts resteront au chaud.

MARIONNETTES

IL TE FAUT :

un tricot fait avec une grosse boîte de conserve, de 30 cm de long et fermé à une extrémité

des ciseaux

une aiguille à laine

un crayon à mine, un crayon de couture ou de la craie

de la laine, des boutons, du feutre, des yeux, des cure-pipes et des perles

une aiguille et du fil ou de la colle blanche

1 Glisse ta main dans le tricot et pinces-en l'extrémité entre ton pouce et tes doigts. Marque d'un signe l'endroit où tu placeras les yeux et le nez.

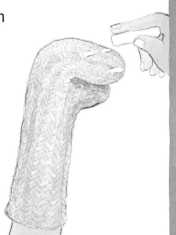

2 Pour les yeux, colle ou couds des boutons, des perles ou des yeux. Utilise un pompon, du feutre ou un bouton pour faire le nez.

3 Dans le feutre, découpe des oreilles longues et molles, courtes et pointues, petites et rondes, ou donne-leur la forme que tu veux. Couds-les ou colle-les sur la tête.

4 Pour la finition, ajoute un grand bout de tricot mince pour la trompe d'un éléphant, des cure-pipes pour les moustaches d'un chat ou de la laine pour la crinière d'un cheval ou d'un lion. Peux-tu fabriquer un dragon ou un extraterrestre?

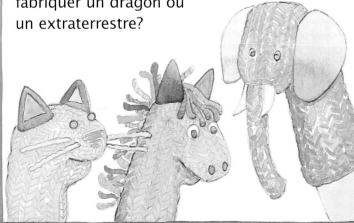

ÉCHARPE ET SERRE-TÊTE

IL TE FAUT :

un tricotin fait avec
   une très grosse
   boîte de conserve

une grosse pelote
   de laine

des ciseaux

une aiguille à laine

1 Il est plus facile de tenir ce gros tricotin sur tes genoux ou entre tes genoux. Enroule la laine autour des clous comme pour les autres tricotins, mais lorsque tu arrives à la dernière paire de clous, arrête-toi. Entoure complètement cette dernière paire de clous et recommence à enrouler la laine en sens inverse. Il doit y avoir deux rangs de laine autour de la dernière et de l'avant-dernière paire de clous.

2 Ne tricote pas la laine autour de la dernière paire de clous.
Commence plutôt par l'avant-dernière paire de clous et continue toujours dans le sens inverse jusqu'à ce que tu arrives à la première paire de clous faite d'un nœud coulant.

3 Enroule la laine autour de la première paire de clous, puis entoure de nouveau chaque paire de clous en sens inverse. Enroule la première paire de clous, puis la deuxième, etc.

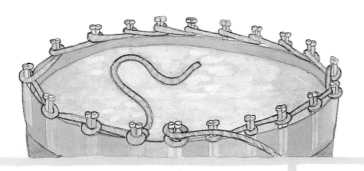

4 Lorsque tu arrives à la dernière paire de clous, tu as trois rangs de laine. Soulève les deux premiers rangs et fais-les passer par-dessus le dernier que tu viens de tricoter. Enroule de nouveau la laine autour de cette paire de clous et tricote-la. Continue à tricoter en sens inverse.

28

⑤ Tricote ainsi dans un sens puis dans l'autre entre la dernière et la première paire de clous, de façon à ne jamais fermer le cercle. Ne tricote pas serré. À chaque point, n'oublie pas de tirer un peu sur la boucle qui reste sur la paire de clous pour la relâcher.

⑥ Tricote jusqu'à ce que ton foulard mesure environ 120 cm de long. Coupe la laine en laissant un bout de 60 cm de long. Enfile la laine dans l'aiguille et rassemble les boucles de tous les clous. Étire cette ouverture, fais un nœud dans la laine et insère-la dans l'écharpe.

⑦ Ton écharpe s'enroulera sur elle même aux extrémités, mais tu pourras facilement la dérouler pour la mettre autour de ta tête ou en recouvrir ton menton. Elle est très douce et te tiendra bien au chaud si tu l'enroules autour de ton cou. N'oublie pas de rentrer les extrémités à l'intérieur de ton manteau.

⑧ Pour faire le serre-tête assorti, fais un tricot d'environ 45 cm de long avec un tricotin fabriqué avec une très grosse boîte de conserve. Tricote de la façon habituelle, en fermant le cercle. Lorsque tu as terminé, ne tire pas sur la laine pour fermer l'ouverture. Laisse pendre un grand bout de laine et sers-t'en pour coudre ensemble les extrémités du serre-tête afin d'obtenir un cercle. (Tu peux aussi fabriquer un serre-tête avec un tricotin fait avec une grosse boîte de conserve.)

Des idées amusantes

🔵 Ajoute une frange à ton écharpe. Enroule environ 80 fois de la laine de 2 ou 3 couleurs différentes autour d'un rectangle de carton de 15 cm sur 10 cm. Coupe le long d'une extrémité seulement. Prends environ trois bouts de laine coupée et plie-les en deux. À l'une des extrémités de l'écharpe, à tous les 2 ou 3 points, fais passer le bout du côté plié des brins de laine dans la maille. Ouvre la boucle et fais passer les bouts de laine libres à travers. Tire fort. Continue jusqu'à ce que les deux bouts de ton écharpe soient frangés. Coupe les franges plus court, si tu veux.

29

POMPONS

IL TE FAUT :
une pelote de laine
des ciseaux

1 Coupe un bout de laine de la longueur de ton bras. Coupe-le en deux et mets la laine de côté.

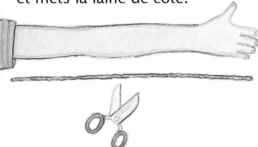

2 Écarte légèrement l'index et le majeur d'une de tes mains et enroule la laine de la pelote autour de tes doigts, sans serrer.

3 Selon la grosseur de tes doigts et l'épaisseur de la laine, tu devras faire de 50 à 100 tours. Ne serre pas trop la laine pour ne pas te faire mal et garde toujours tes doigts un peu écartés. Coupe la laine.

4 Prends les 2 bouts de laine que tu avais coupés à l'étape 1. Passe-les entre tes doigts et la laine et enroule-les autour de la laine. Attache-les sans serrer en les faisant passer 2 fois sur eux-mêmes, tel qu'indiqué. Retire délicatement la laine de tes doigts.

5 Serre bien le nœud au centre du pompon et fais un autre nœud par-dessus, tel qu'indiqué.

6 Coupe toutes les boucles au milieu et égalise ton pompon. Tape contre la table pour le faire gonfler et vérifie s'il faut l'égaliser davantage. Plus tu égaliseras ton pompon, plus il sera petit et épais. Ne coupe pas les bouts de laine avec lesquels tu as assemblé ton pompon : tu en auras peut-être besoin pour l'attacher à d'autres objets.

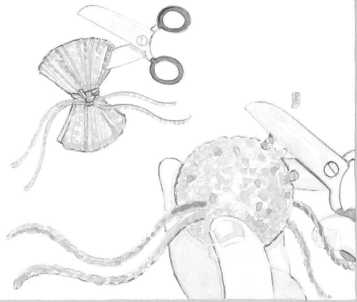

Des idées amusantes

- Fais des essais avec d'autres sortes de laine ou avec de la laine d'épaisseur différente.

- Utilise plus d'une couleur pour obtenir un pompon multicolore.

- Pour obtenir un gros pompon, enroule la laine autour de 3 ou 4 doigts. N'oublie pas de fixer ton pompon au centre pour l'assembler.

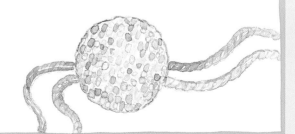

POMPONS ET TRICOTS

Étuis à bâtons de golf Fais un tube de 20 cm de long avec un tricotin fabriqué à partir d'une grosse boîte de conserve et termine-le comme une chaussette. Fixe un pompon sur le dessus. Fais-en trois et offre-les en cadeau.

Frange en pompons Fais beaucoup de mini-pompons de couleurs différentes. Avec les bouts de laine qui dépassent, fixe-les à ton écharpe en tricot pour obtenir une frange en pompons.

Signet Fixe un petit pompon à un tricot étroit de 30 cm de long et sers-t'en comme signet.

Pour tes cheveux Couds un pompon à chaque bout d'un tricot; tu peux t'en servir comme serre-tête ou comme attache pour faire une queue de cheval.

Ruban Fais un tricot étroit très long. Attache ou couds un pompon à chaque extrémité. Enveloppe un cadeau dans du papier journal et utilise ton tricot comme ruban.

Autres idées Fixe des pompons à ton serre-tête, à tes chaussettes, aux mitaines de bébé, à tes marionnettes, etc.